DER EURORAUM
STANDPUNKTE UND ANALYSEN

**PODIUMSDISKUSSION
AM 27. JUNI 2019**

ÖAW

INHALT

EDITORIAL

OLIVER JENS SCHMITT

Wissenschaftliches Wissen zu zentralen Fragen der Gesellschaft und der Politik einer breiteren Öffentlichkeit zur Verfügung zu stellen, ist eine der zentralen Aufgaben einer Akademie der Wissenschaften. Wir tun dies, indem wir in gewissen Abständen große Themen aufgreifen. Diese werden von herausragenden Mitgliedern der Gelehrtengesellschaft inhaltlich vorbereitet. Zur Diskussion an der Akademie laden wir dann internationale Persönlichkeiten nach Wien ein. Das Thema der heutigen Veranstaltung begleitet Europa schon seit mehr als einem Jahrzehnt: Die Finanzkrise von 2008 hat viele Gewissheiten erschüttert, nicht zuletzt in der Volkswirtschaftslehre selbst. Dies ist auch der Ausgangspunkt für unsere Überlegungen gewesen: Wie ist die Krise aus der Sicht der Volkswirtschaftslehre heute einzuordnen? Wie reagiert die Volkswirtschaftslehre gut ein Jahrzehnt nach dem Beginn der Erschütterung des Finanzsystems? Wie werden die daraus resultierenden Erkenntnisse in der Praxis umgesetzt? Die Teilnehmerinnen und Teilnehmer des heutigen Abends wurden so ausgewählt, dass sie auf der einen Seite die wissenschaftliche Expertise vertreten, auf der anderen Seite aber auch Einblick in die finanzpolitische Realität bieten können. Ein zweiter Anstoß war der Vergleich mit der großen Krise, die insbesondere die westliche Welt Ende der 1920er und Anfang der 1930er Jahre durchlaufen hat und die oft als Folie für das Verständnis jüngster Entwicklungen dient. Die Leserinnen und Leser können in der vorliegenden Publikation dem Verlauf der Debatte folgen und erhalten im Schlusswort zudem eine Zusammenfassung des Gesagten. Die Akademie der Wissenschaften möchte auf diese Weise einer breiteren Öffentlichkeit Grundlagen für eine informierte, wissenschaftsbasierte Erörterung zum Euroraum zu bieten – zu einem der wichtigen und zentralen Themen der Gegenwart.

Oliver Jens Schmitt ist Professor für Geschichte Südosteuropas an der Universität Wien. 2011 wurde er zum wirklichen Mitglied der ÖAW gewählt. Seit 2017 ist er Präsident der philosophisch-historischen Klasse.

BEGRÜSSUNG

ANTON ZEILINGER

Ich darf Sie alle sehr herzlich an der Österreichischen Akademie der Wissenschaften zur Diskussion zum Euroraum begrüßen, im Besonderen und namentlich am Podium: Ewald Nowotny, Gouverneur der Oesterreichischen Nationalbank, Agnès Bénassy-Quéré, Professorin für Volkswirtschaftslehre an der Université Paris 1 Panthéon-Sorbonne, Elke König, Exekutivdirektorin der Abwicklungsbehörde SRB des einheitlichen europäischen Bankenabwicklungsmechanismus in Brüssel und ehemalige Präsidentin der deutschen Bundesanstalt für Finanzdienstleistungsaufsicht BaFin, und Klaus Regling, geschäftsführender Direktor des EFSF, des temporären Euro-Rettungsschirms sowie des ESM, des permanenten Euro-Rettungsschirms, und schließlich unser wirkliches Mitglied Josef Zechner, Professor für Finanzwirtschaft und Investments an der Wirtschaftsuniversität Wien.

Ganz besonders herzlich und mit Dank für die inhaltliche und konzeptionelle Vorbereitung dieser Veranstaltung begrüße ich den designierten Gouverneur der Oesterreichischen Nationalbank, den Moderator bzw. Koordinator des heutigen Abends und wirkliches Mitglied der Österreichischen Akademie der Wissenschaften, Robert Holzmann.

Ich heiße darüber hinaus auch alle Mitglieder unseres Präsidiums willkommen und bedanke mich besonders bei Klassenpräsident Oliver Jens Schmitt für die Initiierung und organisatorische Vorbereitung dieser international hochrangig besetzten Diskussion.

Anton Zeilinger ist em. o. Professor der Physik an der Universität Wien. 1998 wurde er zum wirklichen Mitglied der ÖAW gewählt. Seit 2013 ist er Präsident der ÖAW.

Ewald Nowotny war von 2008 bis Ende August 2019 Gouverneur der Oesterreichischen Nationalbank. Er ist seit 1982 Professor an der Wirtschaftsuniversität Wien und dort seit 2013 Mitglied des Universitätsrates und seit September 2019 Präsident der Österreichischen Gesellschaft für Europapolitik (ÖGfE).

EWALD NOWOTNY

Meine sehr geehrten Damen und Herren, Herr Präsident, ich möchte mich zunächst bedanken bei der Akademie und auch bei meinem Kollegen und Nachfolger Robert Holzmann, dass für diese Veranstaltung ein Thema aus dem Bereich der Geld-, Finanz- und Währungspolitik ausgewählt wurde. Ich glaube, es gibt im ökonomischen Bereich wenige Felder, wo die Verbindung zwischen Theorie und Praxis so eng ist wie gerade im Bereich der Geld- und Währungspolitik. Ich komme soeben aus Frankfurt von der Europäischen Zentralbank. Dort nahm ich an der Sitzung des ESRB teil, des European Systemic Risk Board, also des Rats, der die Risikolage einschätzen soll. Wir haben im ESRB einen eigenen akademischen Beirat. Kollege Zechner war auch Mitglied dieses Beirats. Das zeigt auch die Anerkennung, die österreichische Forscherinnen und Forscher im Ausland bekommen. Im Gouverneursrat der EZB kommt etwa die Hälfte aller Mitglieder aus dem akademischen Bereich. Und – ich darf das sagen – die Diskussionen, die wir dort haben, sind durchaus so, dass man akademisches Wissen mitbringen muss. Das hat in der Geschichte sehr praktische Auswirkungen.

Ich möchte ein ganz besonderes Beispiel hervorheben. Es war wohl ein Glück für die Weltwirtschaft, vielleicht für die Gesellschaft insgesamt, dass zur Zeit des Einbruchs der großen Krise des Jahres 2008, nach dem Zusammenbruch des Bankhauses Lehman, mit Ben Bernanke ein Professor aus Princeton an der Spitze der amerikanischen Notenbank gestanden ist, dessen Hauptthema im wissenschaftlichen Bereich die Krise der 1930er Jahre war. Er war durch seine wissenschaftliche Expertise fähig, mit großer Energie die notwendigen Maßnahmen zu treffen und damit auch alle anderen zum Mitmachen zu bewegen, um eine Wiederholung dieser Krise der 1930er Jahre zu verhindern. Diese Sorge beschäftigte damals jeden, mich eingeschlossen. Wir müssen so handeln, dass wir die Fehler, die die Notenbanken in den 1930er Jahren gemacht haben, nicht wiederholen. Natürlich gibt es in der Wissenschaft trotzdem noch immer Personen, die an besagte Fehler noch glauben. Aber die überwiegende Mehrheit der Ökonominnen und Ökonomen hat diese Lektion gelernt.

Herr Präsident, wenn Sie gestatten, möchte ich diese Gelegenheit auch noch nutzen, einen anderen Dank an die Akademie der Wissenschaften auszusprechen. Seit mittlerweile einigen Jahrzehnten begleitet mich in meinem jeweiligen Arbeitszimmer ein Porträt von Eugen von Böhm-Bawerk als eine Leihgabe der Akademie der Wissenschaften. Ich habe mich schon als Student mit Eugen von Böhm-Bawerk beschäftigt. Er hat mich immer fasziniert, weil er jemand ist, der eben auch dieses Zusammenspiel von Theorie und Praxis zeigt. Er war ein eminenter Ökonom. Der monetäre Teil der Wiener Schule, oder der Österreichischen Schule der Nationalökonomie, wurde von ihm entwickelt. Und zwar eine österreichische Schule, die seriös und nachvollziehbar ist, im Gegensatz zu manchen Entwicklungen, die sich heute „Austrian Economics" nennen und eher eine ideologische Verbrämung darstellen. Gleichzeitig konnte er seine ökonomischen Theorien auch in der Praxis anwenden, er war dreimal Finanzminister und leitete eine Währungsreform der Monarchie ein. Er war der Begründer der progressiven Einkommenssteuer in Österreich. Dies war eine Weiterführung seiner Theorie, da er als Grenznutzentheoretiker von einem Sinken des Grenznutzens des Einkommens ausgegangen ist, woraus sich eine Progressivität ergibt. In meiner Antrittsvorlesung an der Wirtschaftsuniversität Wien zum Thema „Macht oder ökonomisches Gesetz?" bezog ich mich auf eine Arbeit von Böhm-Bawerk zu genau diesem Titel. Dabei ging es um die Frage: Wie weit kann die Wirtschaftspolitik tatsächlich das wirtschaftliche Geschehen beeinflussen? Was ist ökonomisches Gesetz und was ist politischer Einfluss?

Damit sind wir beim Thema des heutigen Abends. Ich darf dazu einladen und möchte mich nochmals sehr herzlich bedanken. Wie gesagt, meine physische Nähe zu Böhm-Bawerk ist bald beendet, da ich aus meinem Arbeitszimmer ausziehe. Aber vielleicht hat mein Nachfolger Robert Holzmann ja doch so gute Beziehungen zur Akademie, um eine Verlängerung dieser Leihe zu erreichen.

EINLEITUNG UND MODERATION

ROBERT HOLZMANN

EINLEITUNG

Die Einführung des Euro vor 20 Jahren war ein Meilenstein in der europäischen Integration und insgesamt ein großer Erfolg. Die Entwicklung eines Währungsraumes ist jedoch keine einmalige Angelegenheit und schon gar nicht, wenn die teilnehmenden Länder mit unterschiedlichen Strukturen durch wirtschaftliche Schocks in unterschiedlichem Maße betroffen sind. Dies erfordert institutionelle Weiterentwicklungen, welche tief in den Bereich der Finanz- und Kaptalmärkte – deren Struktur und Instrumente wie Aufsicht und Abwicklung –, aber auch der makroökonomischen Stabilisierungsinstrumente hineinreichen.

Die Zielsetzung der Podiumsdiskussion ist es, ein besseres Verständnis für die Strukturfragen und komplexen Institutionen des Euroraums zu bekommen und über die Herausforderungen und alternative Lösungsansätze für einen noch stabileren Euroraum zu informieren. Die Zusammensetzung des Podiums mit zwei akademischen Fachleuten von europäischem Niveau und zwei leitenden Persönlichkeiten von europäischen Spitzeninstitutionen soll die Breite des Themas abdecken, aber auch wechselseitige Hinweise für institutionellen Handlungsbedarf und akademische Forschungslücken aufzeigen.

Es gibt wohl wenige Themenbereiche, wo die Verbindung zwischen Theorie und Praxis so eng ist wie im Bereich der Geld- und Währungspolitik. Eine fruchtbare Weiterentwicklung bedarf daher der stetigen Diskussion und Dialogbereitschaft zwischen beiden Welten. Die Akademie der Wissen-

Robert Holzmann lehrte an Universitäten im In- und Ausland, war viele Jahre in führenden Positionen an der Weltbank tätig und ist seit September 2019 Gouverneur der Oesterreichischen Nationalbank. Er ist seit 2014 wirkliches Mitglied der Österreichischen Akademie der Wissenschaften.

schaften ist ein geeigneter Platz für einen solchen Diskurs.

Anlässlich des 20-jährigen Jubiläums des Euro bzw. des Euro-Raums gab es eine Fülle von Diskussionen zu diesem Thema – auch in Wien. Ich habe an einigen davon teilgenommen. Mein Gefühl war, dass die Konfusion vieler Zuhörerinnen und Zuhörer beim Rausgehen mindestens so groß war wie beim Reinkommen. Das hat damit zu tun, dass das Thema sehr komplex ist. Das hat aber auch damit zu tun, dass in den Jahren seit der Krise von 2008 eine Fülle von Institutionen gegründet wurde, die eine Fülle von Abkürzungen mit sich bringt, die selbst Menschen, die sich mit dem Thema beschäftigen, ein bisschen verwirrt. Wir haben deshalb beschlossen, die deutschen Begriffe zu verwenden und die englischen Abkürzungen hinzuzufügen, als ein Versuch der besseren Verständigung.[1]

Was die Diskussion hier von anderen unterscheiden soll, ist der Ansatz. An erster Stelle wollen wir die wesentlichen konzeptuellen Fragestellungen in den Vordergrund stellen, weil das die Voraussetzung ist, um die Funktionsweise der Währungsunion – insbesondere deren Stärken und noch verbliebenen Schwächen – zu verstehen. Sie werden einiges über Risikoteilung versus Risikoreduktion hören, einiges zur Bedeutung von Banken- und Kapitalmarktunion oder einiges über die Notwendigkeit eines sicheren Finanzvermögenstitels – Themen, welche von den Sprecherinnen und Sprechern jeweils aufgenommen werden.

Ein zweiter Punkt ist, dass wir versuchen, die akademische Forschung in diesen Bereichen zu betonen, um – entsprechend den Worten von Gouverneur Nowotny – Theorie und Praxis zu verbinden. Dazu haben im Jänner 2018 sieben deutsche und sieben französische Wirtschaftswissenschaftlerinnen und -wissenschaftler mit einem Vorschlag für ein Reformpaket für die Europäische Währungsunion sehr wichtige Impulse gesetzt.

Der letzte Punkt ist, dass in dieser Diskussion nicht nur akademische Ökonominnen und Ökonomen, sondern auch Spitzenmanagerinnen und -manager des Euroraumes, im Rahmen einer deutsch-französischen Achse, zu Wort kommen. Mehr kann man sich nicht wünschen.

Damit komme ich zur Vorstellung der ersten Podiumsteilnehmerin, Frau Agnès Bénassy-Quéré, Professorin an der Paris School of Economics und an der Sorbonne. Sie ist eine der sieben plus sieben Autorinnen, die das erwähnte Reformkonzept im Jänner 2018 verfasst haben. Diese höchst interessante Analyse hat womöglich zum ersten Mal zu einer sehr fokussierten Diskussion auf akademischer Ebene in Europa geführt. Seit Anfang Juni 2019 ist diese Diskussion, die 18 Monate davor begann, auch auf der Webseite VoxEU herunterzuladen und zu lesen.

Meine erste Frage an Sie, Frau Kollegin Bénassy-Quéré: Können Sie in einfachen Worten zusammenfassen, wo Ihre sieben plus sieben Mitstreiterinnen und Mitstreiter die wichtigsten Probleme des Euroraums sehen und was die wichtigsten Vorschläge sind, die Sie auf den Tisch gelegt haben? Vielleicht können Sie uns die zentralen Punkte in aller Kürze darstellen?

---

[1] Die Liste der Institutionen finden Sie auf Seite 31.

AGNÈS BÉNASSY-QUÉRÉ

Seit Beginn des EU-Raums wurde viel geleistet, zahlreiche Reformen fanden statt und glücklicherweise sind einige der involvierten Akteurinnen und Akteure heute hier anwesend. Dabei möchte ich das meiner Ansicht nach Wichtigste erwähnen – die Schaffung des Europäischen Stabilitätsmechanismus (ESM), den es vorher nicht gegeben hat. Klaus Regling wird darüber sprechen. Es gab große Anstrengungen seitens der Europäischen Zentralbank (EZB; engl. European Central Bank, ECB), vertreten hier durch Ewald Nowotny. Die EZB hat sowohl Instrumentarien geliefert, um die sogenannte selbst erfüllende Krise zu eliminieren – die Tatsache also, dass ein Land in eine Krise schlittert, weil die Märkte in Panik geraten, sobald die Zinssätze steigen – und ex post war diese Panik auch berechtigt, wenngleich vielleicht nicht ex ante. Die EZB hat aber auch ein ganzes Bündel unkonventioneller Maßnahmen gesetzt. Eine weitere große Gruppe von Reformen ist die sogenannte Bankenunion, über die Elke König sicher sprechen wird, mit einer einzigen Neuverordnung, einer einzigen Aufsicht, einer einzigen Abwicklung und in Zukunft

hoffentlich auch mit der gegenwärtig diskutierten europäischen Einlagensicherung (EDIS).
Was also fehlt heute noch? Das ist das Thema dieser Runde. Darüber hinaus komme ich auf die konkrete Frage des Sieben-plus-Sieben-Dokuments zu sprechen. Meiner Einschätzung nach bestehen noch drei Hauptprobleme: Das erste ist, dass die Finanzmärkte nach wie vor fragmentiert sind. Nehmen wir zum Beispiel die Banken. Eine Bank, etwa in Italien, vergibt Kredite an italienische Unternehmen und italienische Haushalte und kauft auch Anleihen von der italienischen Regierung an. Die Banken in Italien sind also hauptsächlich italienischen Kapitalrisiken ausgesetzt, kurzfristig ist das auch in Ordnung. Geht aber etwas schief, entweder bei der Regierung oder in der Privatwirtschaft, werden die Bilanzen der Banken sofort geschwächt. Das wiederum verringert die Bereitschaft bzw. Möglichkeit der Banken, Kredite zu vergeben. Also streichen sie Kredite, woraufhin sich die wirtschaftliche Lage verschlechtert. Wir haben also diesen Teufelskreis zwischen den Banken und der Wirtschaft. Und das ist bedauerlich für den Euroraum, weil er zwar eine Vielfalt an Ländern umfasst, wir aber diese Vielfalt nicht

Agnès Bénassy-Quéré, University Paris 1 Panthéon-Sorbonne & Paris School of Economics.

zur Diversifizierung der Bankbilanzen nutzen. Es wäre viel sicherer, wenn die Banken diversifiziertere Bilanzen sowie „Safe Assets" hätten. Darauf komme ich noch zurück.

Das zweite Problem ist, dass zurzeit die Inflation im Euroraum extrem niedrig ist. Für die Kaufkraft ist das gut. Das Problem ist, dass stabile Preise nicht zu den erforderlichen relativen Preisanpassungen in den Euroraum-Ländern führen. Also besteht heute ein Unterschied von 1,6 Prozent zwischen der höchsten und der niedrigsten Inflationsrate im Euroraum. Mit diesen Inflationsunterschieden dauert es in etwa zehn Jahre, wenn man Preisunterschiede von ungefähr 20 Prozent korrigieren will. Das ist eine sehr lange Zeit. Das Risiko dabei ist auch, dass einige Länder eine negative Inflation in Kauf nehmen müssen, was wir Deflation nennen. Das ist sehr schlecht für die Wirtschaft, wie hinlänglich bekannt ist. Warum? Weil die Leute Nominalschulden in Euro haben. Fallen die Preise, wird es also schwieriger, die Schulden aus dem Einkommen zu begleichen, weil das Einkommen nominal zurückgeht. Also kürzen die Leute ihre Ausgaben, was eine weitere negative Auswirkung für die Inflation birgt.

Die EZB hat nicht mehr viel in ihrem Instrumentenkasten, um die nächste Krise abzufedern. Steuerpolitische Maßnahmen sind aufgrund der angehäuften Schulden ebenfalls sehr schwer umzusetzen. Meine Sorge gilt dem Umstand, dass aktuell eine politische Kluft zwischen Gläubigerländern auf der einen Seite und Schuldnerländern auf der anderen Seite besteht. Ist die Inflation so niedrig, dann sind die Zinssätze sehr niedrig. Die Gläubigerländer geben der EZB die Schuld für die niedrigen Zinssätze. Aber gerade weil sie selbst Gläubiger sind, gelten sie auch als Teil des Problems: Mehr Sparen bedeutet weniger Konsum, in Folge stagniert die gesamte Nachfrage. Die Schuldnerländer machen wiederum die Steuerbestimmungen verantwortlich. Sie können nicht nachvollziehen, warum sie ihr Defizit senken sollen, wenn die Zinssätze ohnehin niedrig sind. Diese Positionen lassen sich nur schwer vereinbaren.

Das dritte Problem ist eine grundlegende Schwachstelle in der Maastricht-Architektur, die nicht vollständig behoben wurde. Der Maastrichter Vertrag verbietet die Monetarisierung von Staatsschulden. Ist eine Regierung also nicht in der Lage, die Schulden zu begleichen, kann sie sich weder an den (eigenen) Gouverneur noch an die EZB um Hilfe wenden. Zweitens kann sich eine Regierung nicht an andere Regierungskollegen wenden, um für sich zahlen zu lassen. Und schließlich – obwohl es nicht geschrieben steht – sind auch Umschuldungen verboten, weil dies die Währungsunion destabilisieren würde.

Den eleganten Ausweg aus diesem Widerspruch bieten Wachstum und Inflation. Gibt es Wachstum und Inflation, steigt die Steuerbasis, und es wird einfacher, Schulden zu begleichen und das Defizit zu verringern. Aber derzeit haben wir weder Wachstum noch Inflation. Wir kommen bei diesem Problem einfach nicht weiter. Und wir tun so, als wäre es die Lösung, Ausgaben zu kürzen und Steuern zu erhöhen. In manchen Perioden kann das durchaus eine Lösung sein. In anderen Perioden ist es aber selbstzerstörerisch, weil die Entwicklung der Schuldenquote eine Art Wettbewerb zwischen Zähler und Nenner darstellt. Wird der Zähler gekürzt, wirkt sich das potenziell noch stärker auf den Nenner aus. Und daher sinkt die Quote nicht.

Nun komme ich auf das Siebenplus-Sieben-Dokument zu sprechen. Wir waren sieben deutsche und sieben französische Ökonominnen und Ökonomen. Wir haben mehrere Monate daran gearbeitet, die Spaltung der Deutschen und der Franzosen bezüglich der Reformierung des Euroraums zu überwinden, im speziellen die berühmte Kluft zwischen „risk sharing" und „risk reduction". Als Wissenschaftlerinnen und Wissenschaftler verstehen Sie ja, dass, wenn die Risiken nicht in allen Ländern korrelieren, Spielraum für Versicherungen entsteht. Das ist die Sichtweise des „risk sharing". Die andere Sichtweise ist, dass es besser ist, wenn überhaupt kein Risiko besteht. Einfach das Risiko eliminieren und nicht mehr darüber reden, wie es vielleicht breiter gestreut oder „geteilt" werden kann. Eine Variante dieser Kluft ist das Verantwortungs- versus das Solidaritätsprinzip. Traditionell bestehen deutsche Ökonominnen und Ökonomen auf Verantwortung: Nur die Regeln befolgen, dann geht alles gut. Jenseits des Rheins setzt man hingegen auf das Solidaritätsprinzip: Es hilft, Freunde zu haben, wenn du in Schwierigkeiten bist. Ich werde unseren französisch-deutschen Vorschlag nicht im Detail beschreiben. Aber das Entscheidende ist, dass es keine Verantwortung ohne Solidarität gibt und umgekehrt. Du musst

beides kombinieren, es ist sinnlos, dies in Opposition zueinander zu betrachten.

Warum aber gibt es keine Verantwortung ohne Solidarität? Verantwortung zu tragen bedeutet, dass eine Regierung für ihre eigenen Schulden verantwortlich ist. Und falls sie diese Schulden nicht begleichen kann, muss sie eine Umschuldung vornehmen. Im aktuellen Euroraum kommt das nicht in Frage, weil die Schulden bei den Banken liegen. Kommt ein Schuldner in Verzug, entsteht so eine weitere Finanzkrise im Euroraum. Das ist aber das Allerletzte, was wir heute brauchen. Aus diesem Grund ist die No-Bailout-Klausel gegenwärtig noch nicht glaubwürdig. Um die Verantwortung der Regierungen für ihre eigenen Schulden wiederherzustellen, muss eine Umschuldung als letztes Mittel möglich sein: Das Aufräumen des Bankensektors und eine Form von fiskalpolitischer Unterstützung sind von entscheidender Bedeutung. Und Solidarität ist erforderlich, um Verantwortung glaubwürdig zu machen.

Umgekehrt kann es keine Solidarität ohne Verantwortung geben. Während der Krise haben wir festgestellt: Wird ein Land von einem massiven Schock getroffen, dann ist

seine eigene Fiskalpolitik nicht in der Lage, diesen Schock allein bewältigen. Denn die Regierung müsste Geld vom Markt leihen. Aber genau in diesem Moment verflüchtigen sich die Märkte. Sie wollen keine Kredite mehr gewähren. Deshalb schlagen wir die Einführung eines gemeinsamen Fonds vor, der nur sehr große Schocks bewältigen würde, die wir sehr präzise definieren. Um so etwas umzusetzen, braucht es eine Regierung, die in der Lage ist, mit kleinen Schocks umzugehen, das heißt, die Geld vom Markt leihen kann und über tragfähige Finanzen verfügt. Es braucht Verantwortung, um Solidarität umzusetzen. Es war nicht schwierig, mit dieser Idee französische und deutsche Ökonominnen und Ökonomen miteinander zu versöhnen. Eigentlich handelt es sich ja nicht um eine Kluft zwischen deutschen und französischen Ökonominnen und Ökonomen, es geht vielmehr um eine Trennung zwischen dem sogenannten Ordoliberalismus [der Staat gibt einen Ordnungsrahmen vor, der Wettbewerb und Freiheit der Bürgerinnen und Bürger gewährleistet, beteiligt sich aber nicht am Wirtschaftsprozess, Red.] und der eher klassischen Wirtschaftstheorie.

Klaus Regling ist seit September 2010 geschäftsführender Direktor der Europäischen Finanzstabilisierungsfazilität (EFSF) und seit September 2012 geschäftsführender Direktor des Europäische Stabilitätsmechanismus (ESM).

Um zum Schluss zu kommen: Ich glaube, dass die Krise einfache wirtschaftspolitische Ideen gesprengt hat. Sie hat die Vorstellung gesprengt, dass sich die EZB um den Euroraum als Ganzes und die Regierungen wiederum nur um spezifische, nur sie betreffende Schocks kümmern könnten. Diese Vorstellung ist verpufft. Wir haben gesehen, es braucht europäische Lösungen für lokale Probleme. Zum zweiten wurde der Gedanke zerstört, dass man Wachstumsstrategien von Stabilisationsstrategien gänzlich trennen kann. Vielleicht kommen wir bei der Diskussion noch darauf zurück. Drittens hat die Krise die Vorstellung gesprengt, dass Zahlungsbilanzdefizite und Zahlungsbilanzüberschüsse harmlos sind, da man sich ja in einer Währungsunion befindet und das Geld automatisch aus den Überschuss in die Defizitländer fließt. Was stimmt, aber wir haben auch gesehen, welchen Schaden sogenannte „Sudden Stops" anrichten, wenn der privatwirtschaftliche Geldfluss plötzlich aufhört.

ROBERT HOLZMANN

Vielen Dank für diese sehr ausführliche, aber trotzdem kompakte Einführung in ein höchst komplexes Thema. Herr Regling leitet eine der wichtigsten und mächtigsten Institutionen im Euroraum (EA). Welchen Eindruck haben Sie nach dem gerade Gehörten? Haben Sie das Gefühl, Sie können zufrieden in den Ruhestand gehen? Oder sind Sie eher der Meinung, Sie müssten noch weiterhin an der Verbesserung und Vertiefung des europäischen Stabilisierungsmechanismus bauen, um mehr Geld zur Verfügung zu haben beziehungsweise die Regeln zu verbessern?

KLAUS REGLING

Die Europäische Integration ist eine Daueraufgabe. Das gilt natürlich ebenso für die Währungsunion (EMU), die ja erst 20 Jahre alt ist. Das ist, wenn man in großen geschichtlichen Räumen denkt, relativ kurz – auch wenn wir schon 20 Jahre davor begonnen haben, über eine Währungsunion und deren Form nachzudenken. Aber es gibt sie erst 20 Jahre. Wir haben in den letzten zehn Jahren nach der globalen Finanzkrise und der Eurokrise gewaltige Fortschritte gemacht, z. B. durch den Aufbau von Institutionen innerhalb der Bankenunion, die es vorher nicht gab.

Dazu gehört der Abwicklungsfonds (SRF) und der Europäische Aufseher (EBA). Die Rettungsschirme gehören ebenso dazu, die ja in den letzten neun Jahren viel mehr Geld an Krediten vergeben mussten als vorgesehen war. Wir haben in neun Jahren fast 300 Milliarden Euro an fünf Länder ausgezahlt. Das hat sich bewährt, in doppelter Hinsicht. Erstens hat es in diesen fünf Ländern zu mehr Reformen geführt als in irgendeinem anderen Land in Europa oder sogar der Welt. Deshalb haben auch diese fünf Länder heute eine bessere ökonomische Entwicklung als andere Nationen.

Zweitens geschah dies mit einem Konzept, das den europäischen Steuerzahlerinnen und Steuerzahlern kein Geld gekostet hat – ein Umstand, der anfangs massiv bezweifelt wurde. Die Erfahrung hat jedoch gezeigt, dass es möglich ist. Man darf durchaus sagen, dass es eine Erfolgsgeschichte ist. Viel Positives ist passiert. Dazu gehört auch die Geldpolitik der Europäischen Zentralbank (ECB). Auch wenn wir jetzt aus der Krise raus sind, ist es einfach gut, einen neuen, erweiterten Instrumentenkasten für zukünftige Krisen zu haben, denn so etwas existierte vor zehn Jahren nicht. Aber

wie ich am Anfang sagte, wir werden sowohl bei der europäischen Integration als auch bei der Währungspolitik an kein Ende kommen, jedenfalls nicht so bald. Es gibt natürlich weitere Punkte, die sinnvoll wären, um die Währungsunion noch robuster, noch weniger krisenanfällig zu machen. Im Unterschied zu Agnès Bénassy-Quéré erachte ich die Währungsunion für robuster als vor zehn Jahren, wegen der neuen Institutionen und auch, weil die Länder natürlich dazu gelernt haben. Und heute, wenn ich mir die 19 Länder des Euroraumes anschaue, gibt es keine massiven ökonomischen Ungleichgewichte, die es vor zehn Jahren gab, als mehrere Länder Haushaltsdefizite hatten von über zehn Prozent des Bruttoinlandsproduktes (GDP), Handels-, Leistungs-, Landesdefizite von über zehn bis zu 15 Prozent der Wirtschaftsleistung. Solche Ungleichgewichte gibt es heute, im Jahr 2019, nicht.

Bei der Frage „was fehlt?" bin ich zum Teil der Meinung von Agnès Bénassy-Quéré, aber ich würde die Gewichtung vielleicht etwas anders vornehmen. Dass die niedrige Inflation ein Hauptproblem der Währungsunion ist, kann ich nicht sehen. Es ist ökonomisch unerfreulich und

macht es schwieriger, Lösungen zu finden. Aber das ist ein globales Problem und kein Sonderthema der Währungsunion. In den USA, und von Japan ganz zu schweigen, ist die Inflation niedriger als wir das gewohnt sind von normalen wirtschaftlichen Zeiten.

Ich teile auch nicht die Ansicht, dass es ein Problem gibt, weil die monetäre Finanzierung von Staatsdefiziten verboten ist. Ich denke, die Währungsunion würde ohne diese Regel nicht existieren. Wir haben gute Wege gefunden, trotzdem Solidarität zu zeigen. Dazu noch eine Zahl: Der Europäische Stabilitätsmechanismus (ESM) kann sehr große Volumina an Krediten zu sehr niedrigen Zinsen vergeben. Wir geben die niedrigen Zinsen, zu denen wir Kredite am Markt aufnehmen, an die Programmländer weiter. Die Zinsen sind niedrig, weil wir die Unterstützung aller unserer Mitgliedsstaaten haben. Wir geben sie direkt weiter an die fünf Länder, die von uns Kredite aufnehmen. Das spart diesen Ländern jedes Jahr sehr viel Geld. Das ist ganz klare Solidarität, die jedes Jahr da ist. Die Zahl für Griechenland ist erstaunlich, weil Griechenland mehr Kredite bekommen hat als andere Länder. 200 Milliarden Euro, 100 Prozent des griechischen BIP, zu einem Prozent. Griechenland müsste natürlich am Markt viel mehr zahlen. Deshalb spart der griechische Staatshaushalt jedes Jahr circa 13 Milliarden Euro an Zinskosten. Jedes Jahr! Das sind sieben Prozent der griechischen Wirtschaftsleistung im Jahr 2019. Das ist die europäische Solidarität mit Griechenland. Darüber redet die griechische Regierung nicht so oft, aber ich denke, wir sollten häufiger darüber sprechen, auch im akademischen Kreis. Denn es gibt sie, die Solidarität. Das ist nicht etwas, was wir erst erfinden müssen.

Was fehlt ist, und das ist auch sehr deutlich in dem Papier der 14 Ökonominnen und Ökonomen dargestellt, mehr Risikoteilung im Euroraum. Risikoteilung über die Märkte und Risikoteilung über fiskalische Kanäle. Über die Märkte können wir das erreichen, wenn wir die Bankenunion vervollständigen und die Kapitalmarktunion (CMU) schaffen. Die fiskalische Risikoteilung können wir über zusätzliche Fiskalmechanismen zur makroökonomischen Stabilisierung erreichen. Dieses Thema ist nicht einfach, da die Vorstellungen der einzelnen Länder hier teilweise stark divergieren. Deshalb war das Konzept der Öko-

nominnen und Ökonomen besonders hilfreich, weil es versucht hat, einen Kompromiss aufzuzeigen, wie man zu mehr Risikoteilung kommen kann, indem man zunächst betont, dass beides, die Risikoreduzierung und die Selbstverantwortung, vorhanden sein müssen.

ROBERT HOLZMANN

Danke vielmals, Herr Regling. Ein Thema, das wir sicherlich noch behandeln werden, sind die fiskalischen Vorschläge im Sieben-plus-Sieben-Papier. Aber lassen Sie mich weiterschreiten zu Elke König, die den einheitlichen Abwicklungsfonds (SRF) leitet. Er ist eine der drei Säulen der Bankunion. Die beiden anderen – eine davon ist bereits verwirklicht – beschäftigen sich mit der Frage der Finanzmarktkontrolle (SSM), um sicherzustellen, dass die Banken ihre Aufgabe gut erledigen. Die zweite Säule, die noch einer hitzigen Diskussion ausgesetzt ist, betrifft die Frage der einheitlichen europäischen Einlagensicherung (EDIS). Frau König, wie stehen Sie dazu, dass die Bankenabwicklung in besagtem Reformkonzept kaum thematisiert wurde? Liegt es daran, dass die Wissenschaftlerin-

nen und Wissenschaftler das Problem als gelöst ansehen oder wird es aufgrund politischer Brisanz vermieden? Oder umgekehrt gefragt, wo sehen Sie Bedarf bei der akademischen Forschung, um Ihnen bei der Bewältigung der Probleme noch besser behilflich zu sein?

ELKE KÖNIG

Das ist ein weites Feld an Fragen. Ich glaube, dass das Sieben-plus-Sieben-Papier sehr hilfreich war, auch wenn ich nicht alle Detailmeinungen teile. Aber im Grundsatz, vor allem zur Frage was geschehen muss im Bereich der finanzwirtschaftlichen Themen – also im Bankenbereich –, wurden die richtigen Punkte angesprochen.

Aber gehen wir einen Schritt zurück ins Jahr 2007. Zu der Zeit hat es auch in Deutschland die ersten Einschläge gegeben. Aber eigentlich war es vor allem ein Problem US-amerikanischer Hauskredite. Es war ungünstig, dass nun gerade deutsche bzw. europäische Unternehmen diese Kredite gekauft und finanziert hatten. Hier könnte es tatsächlich mehr wissenschaftliche Aufbereitung gebraucht.

Die Krise hat sich mit verschiedensten Themen weitergezogen. Heute heißt es häufig, die US-amerikanischen Banken wären, übertrieben gesagt, aus der Krise wie Phönix aus der Asche gestiegen. Wir sprechen zehn Jahre nach der Finanzkrise immer noch davon. Warum ist das so? Als Ökonomin fällt mir dazu ein: Der erste Verlust ist immer der kleinste. Wer schnell handelt, gewinnt.

Europa hat in der Staatsschuldenkrise, von der Bankenseite mit der Banking Union, in einem Tempo gehandelt, das man Europa gar nicht zutrauen konnte. Diese Regelungen sind so schnell gekommen, dass so mancher gar nicht gemerkt hat, dass sie schon da waren. Vielleicht ist das Teil des Problems.

In der Zeit hatten wir durch den einheitlichen Aufsichtsmechanismus (SSM), der bei der ECB angedockt wurde, eine deutlich verbesserte europäische Aufsicht erreicht. Über die großen Institute, aber letztlich auch als Qualitätsmaßstab für alle Institute. Funktioniert das ganz reibungslos? Nach fünf Jahren kann man sagen: Es wird immer besser. Ein Jahr später folgte der Einheitliche Abwicklungsmechanismus (SRM). Ich kann mich erinnern, als es hieß, dass ich den Vorsitz übernehme, rief mich mein Sohn an und fragte: Und was machst du, wenn du keine Banken abwickelst? Ich glaube, er hatte Angst, dass Mutter dann alle zwei Tage anruft und sagt: Wir könnten uns doch am Wochenende mal treffen.

Tatsächlich ist es die Aufgabe, das Rahmenwerk so anzuwenden, dass Banken überhaupt abwickelbar werden. Wir sprechen hier über die größten Banken im Euroraum. Eine Lehre aus der Krise war, dass, wenn eine solche Bank in Schieflage gerät, dann die Mitgliedsstaaten in Ermangelung besserer Lösungsmöglichkeiten die Verluste sozialisiert haben, indem sie die Steuerzahlerinnen und Steuerzahler trafen. Die Summe dessen, was für Banken an Sicherheiten ausgelegt wurde, ist beeindruckend, sie geht in die Billionen und nicht nur in die Milliarden. Jetzt würden Leute aus anderen Wirtschaftsbereichen vielleicht sagen: Was ist denn jetzt das Besondere? Kommt man aus Bereichen, wo die Eigentümerinnen und Eigentümer sowie die Gläubigerinnen und Gläubiger zunächst einmal die Kosten tragen, ist das leicht dahingesagt, denn diese sollen die Kosten bitte nicht tragen, das wären nämlich die Einlegerinnen und Einleger, also die Sparerinnen

Elke König ist die erste Vorsitzende der neugegründeten einheitlichen Abwicklungsbehörde des europäischen Bankenabwicklungsmechanismus SRB in Brüssel und ehemalige Exekutivdirektorin der deutschen Bundesanstalt für Finanzdienstleistungsaufsicht BaFin.

und Sparer. Da gibt es die Grenze der gedeckten Spareinlagen von 100.000 Euro pro Einlegerin bzw. Einleger. Dazu komme ich noch.

Was mache ich nun mit den kleinen gewerbetreibenden Mittelunternehmen, die ihr Geld dort angelegt haben und jetzt Geld verlieren? Wie kann ich verhindern, dass ich das Ganze – wie geschehen – in die Realwirtschaft übertrage? Die einfache Lösung dazu ist unter anderem mehr Kapital, um die Gefahr zu verringern, Kapital auch für eine Restrukturierung vorzuhalten. Die Banken sind dabei, im Rahmen der neuen Regeln der Bankenunion all das aufzubauen. Viele Vorkehrungen der letzten Jahre geschahen unter enormem Zeitdruck, das macht es nicht einfacher. Die Eurozone umfasst 19 selbstständige Mitgliedsstaaten. Wir haben daher 19 verschiedene Insolvenzsysteme. Manche Staaten haben sogar zwei, also könnte man eigentlich sagen mehr als 19. Wir haben 19 verschiedene Verwaltungsrechte. Schon bei einer so einfachen Sache wie der Anhörung des Betroffenen führen wir lange Diskussionen, bevor wir in Brüssel eine Entscheidung treffen, die ja 19 verschiedene Länder betrifft. Österreich ist da meist recht pragmatisch, eine Lösung zu finden. Bei

manch anderen kann sich dies durchaus länger gestalten.

Wir haben also zu arbeiten – aus meiner Sicht an mehreren Themen. Eines der Themen betrifft ganz besonders Herrn Regling. Zum einen ist der Abwicklungsfonds (SRF) industriefinanziert. Gut 60 Milliarden Euro wird er Ende 2023 haben. Das ist ein Prozent der gedeckten Einlagen. Die Politik hat uns einen sogenannten Backstop zugesagt, also eine Letztsicherung, die wir zurückzahlen müssen. Das nennt man fiskalische Neutralität. Wir nehmen also einen Kredit und der Kreditgeber wird der ESM sein, die Details gilt es noch auszugestalten … Der Kredit, den wir bekommen, muss durch den Abwicklungsmechanismus (SRM) zurückgezahlt werden. Das bedeutet, er ist eine Vorfinanzierung durch den ESM, aber keine Endfinanzierung. Auch die Steuerzahlerinnen und Steuerzahler tragen nicht die Endfinanzierung. Mit diesen Mitteln sollten wir ein Ultima-Ratio-System schaffen, wenn wirklich einmal Mithilfe für eine Bankenabwicklung gebraucht wird.

Allerdings hilft uns diese Maßnahme nicht dabei, ein anderes gravierendes Problem der Banken zu lösen – nämlich jenes der Liquidität. Was passiert, wenn eine Bank in Schieflage

gerät? Wie kann man sicherstellen, dass die nötige Liquidität da ist? Über dieses Instrument werden wir vermutlich noch länger reden. Wenn man uns ließe, wüssten wir ja eine relativ geordnete Lösung. Aber wir sind nicht allein im Raum.

Beim diesem zweiten Thema, das noch fehlt, könnte ich mir sehr viel wissenschaftliche, aber auch sehr viel politische Unterstützung vorstellen, nämlich ein einheitliches Liquidationsrecht für Banken. Was passiert, wenn eine Bank in Schieflage gerät? Wenn wir die Abwicklung übernehmen, gibt es dafür ein europäisches Rahmenwerk. Die Absicherung für alle Eigentümerinnen und Eigentümer, für alle Gläubigerinnen und Gläubiger ist, dass es einen Test gibt, sodass sie nicht schlechter gestellt sein dürfen als in einem Insolvenzverfahren. Das verstehen Sie normalerweise unter dem Begriff „No Creditor Worse Off" (NCWO). Das Ganze hat damit aber auch die Tücke, wie wir in dem konkreten Fall einer sehr kleinen Bank gesehen haben, wo wir entschieden haben, dass die Bank eindeutig nicht mehr lebensfähig ist. Die EZB und wir waren uns darüber einig. Die Muttergesellschaft wurde dann letztendlich freiwillig von ihren Eigentümern liquidiert.

Die Tochtergesellschaft, ebenfalls in einem Mitgliedsstaat, war allerdings auch auf lange Zeit nach der Entscheidung noch mit einem Moratorium versehen. Sodass wir zwar nach Hause gingen und sagten, wir sind uns einig: Die Bank muss geschlossen werden. Aber wir konnten nicht ganz ausschließen, dass sie nicht am Montag wieder aufmacht. Das kann nicht die Lösung sein und daran muss gearbeitet werden. Ich sage deswegen, wir brauchen Hilfe. Wenn wir dieses Thema ansprechen, etwa im Kreis der Eurogruppe, wird darauf hingewiesen, das sei aber ein Thema für die Justizministerinnen und -minister. So wird die Debatte beendet.

Sie haben in Ihrem Papier noch zwei Dinge angesprochen, die mir sehr wichtig sind. Das eine ist die einheitliche Einlagensicherung. Ich würde sogar noch einen Schritt weitergehen. Mir geht es gar nicht nur darum, zu sagen, alle Anlegerinnen und Anleger innerhalb Europas sollten den gleichen Schutz genießen. Es gibt auch das Thema Heimatland einer Bank und Gastland einer Bank. Eine große Debatte, die wir führen, ist jene: Wenn etwas passiert, dann wird erst an das Heimatland der Bank gedacht. Was passiert aber im Gastland? Diese Debatte führen wir auch innerhalb der Eurogruppe. Denn wenn ein Problem entsteht und die Einlagensicherung eingreifen muss, dann reden wir aktuell noch von nationalen Töpfen. Hier zu vereinheitlichen, wäre sicherlich für Fortschritte in dieser Home-Host-Debatte wichtig.

Es wäre auch aus einem anderen Grund wichtig – und da kann man dann einen ganz großen Sprung machen. Wir blicken immer nach Amerika und sagen, die FDIC, die amerikanische Einlagensicherung funktioniert hervorragend. Diese ist aber letztlich die Einlagensicherung für alle Banken. Sie ist von den ganz großen bis zu den ganz kleinen Banken für alle zuständig. Sie ist aber auch gleichzeitig der Insolvenzverwalter. Eigentlich hat sie alle diese Funktionen in einer Hand. Ich rede jetzt nicht pro domo, das werde ich in meiner Amtszeit nicht mehr erleben. Aber wenn man den Unterschied zwischen großen Banken und kleinen Banken angehen will, dann muss man an einer Ecke weiterarbeiten, an der die letzte Kommission gearbeitet hat, an der Kapitalmarktunion (CMU). Das ist ein großes Wort. Zu Beginn der Amtszeit der Kommission konnte man auch sagen: Das ist ein nettes Projekt, das brauchen wir aber eigentlich nicht ernsthaft zu be-trachten, schließlich haben wir einen funktionierenden Kapitalmarkt. Das nennt sich die City of London. Inzwischen ist es aber so, dass wir sehen, wenn es um das Thema Kapitalmaß-nahmen bei Banken geht und darum, auch die Instrumente für die Abwicklungsfähigkeit zu erreichen, dann heißt es auf einmal, dass die Bank solche Instrumente aber nach dem Recht eines EU-Mitglieds-, eines Eurozonenlandes ausgeben sollte. Dann sage ich immer: Welches? Da haben wir aktuell 19. Wo ist der wirklich tiefe, der breite Kapitalmarkt, der diese Instrumente kauft? Im Moment hören wir von Banken, dass dies in den USA und in Großbritannien der Fall sei. Und dann schauen wir mal.

ROBERT HOLZMANN

Unser letzter Teilnehmer, Josef Zechner, ist, wie Sie gehört haben, Professor für Finanzwirtschaft und beschäftigt sich in seinen umfangreichen Publikationen mit den mathematischeren Themen der Finanzwirtschaft. Daher ist er sehr gut in der Lage, zu bestimmten Vorschlägen in dem Sieben-plus-Sieben-Papier Stellung zu nehmen. Es geht dabei um die Einführung eines sicheren

Josef Zechner ist Professor für Finanzwirtschaft und Investments an der Wirtschaftsuniversität Wien. Er war unter anderem Präsident der German Finance Association, der European Finance Association und der Western Finance Association und seit 2004 wirkliches Mitglied der Österreichischen Akademie der Wissenschaften.

Finanzvermögenstitels, Safe Asset. Dies wird als wichtige Aufgabe gesehen, um zur Stabilität des Euro beizutragen, aber auch den Euro als internationale Währung in mehr Verbreitung zu bringen und auf die Ebene des Dollar zu führen. Eine einfache Möglichkeit, das durchzuführen, ist es, ein solchen Finanztitel gemeinsam auszugeben. Es gibt eine Stelle, die gibt den Titel zur Schuldenaufnahme gemeinsam aus, und die Mitglieder der Eurogruppe haften gemeinsam dafür. Das ist aber etwas, was auf Widerstand von einigen Ländern stößt. Im Sieben-plus-Sieben-Papier gibt es Vorschläge, wie man die Finanzmathematik verwenden kann, um ein Safe Asset zu kreieren, ohne dass es nun zu einer Risikoteilung führt, die einzelne Länder zu Zahlern, andere zu Empfängern macht. Erinnern diese Vorschläge, wo versucht wird, Finanzalchemie anzuwenden, an die Entwicklung in den USA bei den Hypothekarkrediten vor 2008? Oder haben wir uns genügend weiterentwickelt, dass wir es uns wirklich erlauben, ein synthetisches Safe Asset zu haben und auch die Bedingungen erfüllen, dass es nicht zu einer unerwünschten Risikoteilung kommt?

JOSEF ZECHNER

Ein zentraler Punkt, der von der finanzwirtschaftlichen Forschung sehr stark betont wird für die Stabilität des Euroraums, ist die Verquickung zwischen Staatsrisiken oder Länderrisiken und Bankenrisiken. Vielleicht zwei Fakten vorneweg: Wenn Sie in den USA die Bilanzsummen aller Banken addieren und dann durch die Wirtschaftskraft der USA dividieren, also durch das Bruttoinlandsprodukt, dann erhalten Sie eine Zahl von circa 90 Prozent, also 0,9. Wenn Sie die gleiche Übung für den Euroraum machen, dann bekommen Sie eine Zahl von 300 Prozent, also circa 3. Diese Relation ist also mehr als dreimal so hoch. Das heißt, der Bankensektor im Euroraum hat eine viel, viel größere Bedeutung für die Stabilität, als er das für andere entwickelte Ökonomien wie eben Nordamerika hat.

Ein zweites Faktum, Frau König hat es vor mir kurz angesprochen: Der Bankensektor in Europa schwächelt. Ein Indikator dafür ist das Verhältnis zwischen den Aktienkursen von Bankaktien zu den Bilanzwerten des Eigenkapitals pro Aktie. In den USA ist dieses Verhältnis größer als eins, circa 1,5. Das bedeutet, der Markt glaubt, Eigenkapital der amerikanischen Banken ist je Dollar an Bilanzwert eigentlich 1,5 Dollar wert. In Europa ist es unter eins, circa bei 0,8. Sie wissen vielleicht, die Deutsche Bank können Sie aktuell um 20 Cent pro Euro des Bilanzwerts des Eigenkapitals kaufen. Dieses Zusammenspiel zwischen Bankenrisiken und Staats- oder Länderrisiken muss irgendwie in den Griff bekommen werden.

Es gibt Ausfallversicherungen, sogenannte „Credit Default Swaps". Das heißt, Sie können sich gegen den Ausfall einer Bank versichern. Sie können sich auch gegen den Ausfall eines Landes versichern. Wenn Sie in Europa die Kosten für diese Ausfallversicherungen gegeneinander zeichnen, dann ergibt sich eine beinahe perfekte 45-Grad-Linie. Wir haben also eine perfekte Korrelation. Steigt das Bankenrisiko, dann steigt auch das staatliche Ausfallsrisiko. In den USA gibt es diesen Zusammenhang nicht.

Jetzt ein Beispiel, wie dieses Zusammenspiel ablaufen kann: Nehmen wir an, ein hoch verschuldetes Euroland mit geringem Wirtschaftswachstum hat zunehmend Schwierigkeiten, sich am Kapitalmarkt zu refinanzieren. Das heißt, Staatsanleihen können nur mit zunehmenden Kreditaufschlägen bei Investoren platziert werden. In diesen Situationen übt die Politik im Normalfall moralischen Druck auf den Bankensektor aus, zu Hilfe zu eilen und Staatsanleihen zu kaufen. Für die Banken ist das relativ einfach, weil der Regulator im Wesentlichen die Staatsanleihen als risikolos betrachtet. Das heißt, die Staatsanleihen müssen nicht mit Eigenkapital der Banken hinterlegt werden. Und zwar unabhängig davon, ob es sich um Griechenland oder eine deutsche Bundesanleihe handelt. Wenn die Banken jetzt diesem moralischen Druck nachgeben, dann passiert genau das, was auch schon kurz erwähnt wurde, dass nämlich die Ressourcen der Banken primär in die Refinanzierung des Staatshaushalts fließen und nicht der Wirtschaft in Form von Krediten zur Verfügung stehen. Sie können dieses gleiche Spiel auch durchdenken, ohne dass die Banken überhaupt zusätzliche Staatsanleihen kaufen. Denn wenn sie schon eine Position in diesen Staatsanleihen hatten – in der Krise wird diese Position weniger Wert. Die Bank ist in einer schlechteren Verfassung, kann sich schlechter finanzieren und muss ein Deleveraging, eine Entschuldung, machen. Wie macht das eine Bank? Indem sie Kredite fällig stellt oder nicht mehr verlängert.

Die Frage ist: Wie kann man diesen realen Teufelskreis durchbrechen? Die Banken reduzieren das Kreditangebot, das wirkt sich negativ auf das Wirtschaftswachstum aus und in Folge wiederum auf das Landesrisiko. Es gibt aber noch einen zweiten Teufelskreis. Den Banken geht es schlechter aufgrund der Effekte, die ich gerade erklärt habe. Daher erwarten wir, dass ein Staat wieder Bankenrettungsprogramme durchziehen muss. Das führt zu einem Rückkoppelungseffekt, weil sich die Kreditwürdigkeit des Staates entsprechend verschlechtern wird.

Jetzt kann man natürlich sagen, ändern wir doch die Regulatorik und zwingen wir die Banken, je nach Kreditrating des jeweiligen Landes Eigenmittel zu halten. Das ist jedoch aus akademischer Sicht keine besonders sinnvolle Lösung, denn sie ist sehr prozyklisch. Das heißt, ein Staat schlittert in eine Krise, das Rating geht runter. Plötzlich müssen die Banken für diese Staatsanleihen mehr Eigenmittel halten. Sie haben diese vielleicht nicht, müssen daher Anleihen verkaufen. Und deshalb funktioniert das nicht. Man könnte sich auch vorstellen, zu begrenzen, wie konzentriert die Anleihen eines Staates von einer Bank gehalten werden dürfen. Aber auch das hätte entsprechende Anpassungsprobleme. Deshalb der Vorschlag – auch von akademischer Seite – ein sicheres Asset zu schaffen, ein Wertpapier, das nicht das Risiko des Staates unmittelbar auf das Bankenwesen überträgt. Ein solches Konzept, das ein gewisses Financial Engineering voraussetzt, sind die sogenannten SBBS, „Sovereign Bond-Backed Securities". Das sind Wertpapiere, die verbrieft oder mit Staatsanleihen unterlegt sind. Man kann sich das so vorstellen, dass dieses Portfolio an Staatsanleihen gekauft wird, zum Beispiel je nach Kapitalschlüssel bei der Europäischen Zentralbank. Das heißt, das Portfolio an Staatsanleihen enthält etwas weniger als 20 Prozent deutsche Bundesanleihen, 14 Prozent französische bis runter zu zwei Prozent österreichische. Eine private Rechtsperson, ein sogenanntes Special Purpose Vehicle, würde dann dieses Portfolio kaufen. Es würde sich refinanzieren durch die Emission verschiedener Tranchen an Wertpapiern. Eine sehr sichere Tranche, eine Mezzanine-Tranche und eine riskantere Tranche. Das Ganze

würde nach dem Wasserfallprinzip funktionieren. Sie können sich das so vorstellen, dass die Anleihen, die gekauft werden, auf einem Bergplateau liegen. Die Coupons, also die Zinszahlungen und die Kapitaltilgungen dieser Anleihen, fließen den Berg hinunter als Wasserfall. Dieser Wasserfall füllt das erste Becken dieser sicheren Tranche. Wenn die sichere Tranche alles bekommen hat, was ihr zusteht, dann erst schwappt das über in das nächste Auffangbecken. Wenn genug Wasser von diesen Anleihen herunterkommt, dann wird auch das dritte Becken, das sind dann die riskantesten Papiere, entsprechend gefüllt und die Investorinnen und Investoren werden befriedigt. Das wäre ein möglicher Ansatz. Wenn die Banken die sichere Tranche primär halten würden, dann könnte auch eine Restrukturierung der Schulden eines Staates – dass man einen Schuldenschnitt bei bestimmten Staaten macht – durchführbar sein, ohne den gesamten Bankensektor des Landes oder des Euroraums ins Wanken zu bringen. Ich kann noch etwas ins Detail gehen. Wir haben schlechte Erfahrungen mit solchen verbrieften Papieren gemacht in der Krise, wo Immobilienkredite, Hypothekarkredite hinter diesen Tranchen standen.

Das Problem war, dass plötzlich alle diese Hypothekarkredite in den USA gleichzeitig im Wert nach unten gegangen sind. Es war eine fast perfekte Korrelation da. Von allem, was wir wissen, würde das in diesem Fall nicht so sein. In einem Krisenfall haben wir sehr stark negative Korrelationen. Also, die deutschen Bundesanleihen gehen hinauf und die Peripherieanleihen unter Umständen hinunter, sodass diese Gefahren vielleicht nicht so schlagend sind, wie sie angesprochen wurden.

ROBERT HOLZMANN

Wir haben nur vier aus einer Fülle von Problemen behandelt. Die Frage, wie die Ausgabenpolitik bzw. die Budget-Kriterien von Maastricht verändert werden sollten, haben wir nicht einmal angeführt. Ich möchte nun das Panel bitten, in einer zweiten Runde in aller Kürze einerseits die Ihrer Meinung nach wichtigsten Punkte zusammenzufassen und andererseits offene Fragen zu benennen.

AGNÈS BÉNASSY-QUÉRÉ

Klaus Regling sagte eingangs, dass der Euro erst vor 20 Jahren geschaffen worden sei. Ein wichtiger Hinweis. Denn betrachtet man die Geschichte des Dollar, brauchte es mehrere Jahrzehnte und einige Fehlversuche, bis die Währung, wie wir sie heute kennen, entstand. Elke König stellte fest, dass die Reformen sehr schnell stattgefunden hätten und dass dies bemerkenswert sei. Heute aber haben sie sich verlangsamt. Hinzu kommt, dass wir durch eine neue Kommission und einen neuen Rat einen neuen Impuls bekommen. Herr Regling bemerkte, dass heute große Ungleichgewichte, wie sie unmittelbar vor der Krise geherrscht hätten, nicht mehr zu beobachten seien. Nun ja, wir sehen keine großen Defizite. Große Überschüsse aber schon. Daraus ergeben sich zwei Fragen: Erstens, hat man irgendwo Überschüsse, so muss man woanders Defizite haben. Aber diese befinden sich nicht in der Eurozone. Das zweite Problem ist, dass bei einem Überschuss das Angebot die Nachfrage übersteigt. Dieses Überangebot drückt die Preise nach unten. Die Situation ist kein Spezifikum des Euroraums, hat aber dort toxischere Auswirkungen.

Ich glaube, ich habe mich zum Aspekt der Monetarisierung nicht deutlich genug ausgedrückt. Ich plädiere überhaupt nicht für Monetarisierung. Ich glaube, sie wäre der Anfang vom Ende. Allerdings denke ich, dass das monetäre Rahmenwerk dem Euroraum eine Beschränkung auferlegt, die uns bewusst sein muss. In den USA versteht jeder, dass die Fiskalpolitik nicht nachhaltig ist, aber letztendlich wird die Federal Reserve die Schulden kaufen.

Eigentlich war ich eine derjenigen in Frankreich, die zu Beginn der Krise permanent argumentierten, dass die Solidarität bezüglich Griechenlands enorm sei – bei mehreren hundert Euro pro Haushalt.

Aber jetzt wissen wir, dass wir im Falle von Italien etwas anderes bedenken müssen. Das, was für kleine Länder entwickelt wurde, ist für größere Länder möglicherweise nicht geeignet. Deshalb sage ich, dass das Problem immer noch vorhanden ist. Ich glaube, wir werden erst über den Berg sein, wenn wir uns in Ruhe darüber unterhalten können, wie eine Umschuldung funktionieren kann, ohne eine Finanzkrise auszulösen. So weit sind wir noch nicht. Doch es ist sehr wichtig. Es ist auch sehr wichtig, die EZB zu schützen. Denn die EZB ist ein letztes Mittel für die Banken. Wenn die Banken einander keine Kredite mehr gewäh-

ren wollen, wird die EZB dazu bereit sein. Aber die EZB ist kein letztes Mittel für die Regierungen. Im Jahr 2015 stand Griechenland kurz vor dem Austritt aus der EU, nur weil der Wert der Staatsanleihen in den Bilanzen der Banken nicht ausreichte, um die nötige Liquidität von der Zentralbank zu erhalten.

Hier sehen wir also, wie ein Land gegen seinen Willen aus der Eurozone verdrängt werden kann, nur weil dieser Zusammenhang zwischen Staatsrisiko und Liquiditätsversorgung besteht. Und aus diesem Grund ist es so wichtig, ein „Safe Asset" einzuführen. Wie die Treasury Bonds in den USA wäre es nützlich, um das Finanzsystem zu stabilisieren. Man kann das auf verschiedene Art und Weise machen. Einige Methoden mögen einem mehr missfallen als andere. Es bedeutet nicht unbedingt Transfers über Länder hinweg. Es würde die Bilanz stärken, auch weil bei Krisen die Zinssätze in labilen Ländern steigen und in Kernländern, die als sicher gelten, fallen. Ein solches Land ist Deutschland. Ein anderes ist Frankreich – immer noch sicher. Wenn wir über Solidarität sprechen, müssen wir tatsächlich eingestehen, dass diese beiden Länder, Deutschland und Frankreich, während der Krise hinsichtlich der niedrigen Zinssätze viel profitiert haben. Somit müssen wir auch bedenken, dass es einen impliziten Transfer von den Randstaaten zu den Kernländern gegeben hat.

KLAUS REGLING

Vielleicht greife ich nur das Thema „Safe Assets" auf, wozu sich Herr Zechner geäußert hat. Meiner Meinung nach sollte es keinen Zweifel geben, dass ein Safe Asset wirklich die Vollendung der Währungsunion bringen würde. Denn die Vorteile sind da, Sie [Herr Zechner, Red.] haben sie genannt. Die Entkoppelung von Banken und Staat. Das Problem, dass Banken heute zu viele – vor allem nationale – Staatsanleihen in ihren Bilanzen haben, kann damit beseitig werden. International wäre es sehr gut, um die Rolle des Euro zu fördern, denn internationale Investorinnen und Investoren suchen nach so einem Safe Asset. Das Angebot des Safe Assets, das es heute im Euroraum gibt und vor allem aus deutschen Staatsanleihen, aber auch österreichischen und auch vom Europäischen Stabilitätsmechanismus (ESM) besteht, ist einfach zu gering

im Vergleich zur Breite und Tiefe in den Vereinigten Staaten. Der US Treasury Bond Market ist einfach viel, viel größer. Das haben wir im Moment nicht. Wir haben Safe Assets, aber nicht genug. Das hat auch den Nebeneffekt, dass die Zinsen der Länder, die heute im Euroraum gut dastehen, künstlich nach unten gedrückt werden. Im Moment sind das für zehnjährige deutsche Staatsanleihen minus 30 Basispunkte. Das ist auch darauf zurückzuführen, dass es im Euroraum so ein geringes Volumen an Safe Assets gibt. Deutschland hat ja seit Jahren einen Haushaltsüberschuss, was man zum Teil verstehen kann, aber nur zum Teil. Dadurch sinkt der Schuldenstand. Deshalb nimmt das Volumen ab. Safe Assets wäre ein wichtiger Schritt. Aber ich denke, der akademische Bereich muss hier noch besser arbeiten. Das, was bisher an Vorschlägen gekommen ist, ist nicht gut genug. Die SBBS, die kurz erklärt wurden, funktionieren nicht als Safe Assets. Das ist zu viel „Financial Engineering". Die Ratingagenturen haben gesagt, dass selbst die beste Tranche kein Triple A bekommt. Damit ist es kein Safe-Asset-Ersatz. Aber weil das Thema Safe Assets so wichtig ist, kann ich nur die Akademikerinnen und Aka-

demiker dazu ermuntern, weiterzuarbeiten, um zu einer Lösung zu kommen. Denn wenn es nicht gelingt, etwas Günstiges zu schaffen, dann bleibt nur der sehr langfristige Weg, wieder Vertrauen zwischen den Mitgliedsstaaten zu schaffen, welches mit der Krise verlorengegangen ist. Wenn eines Tages wieder Vertrauen da ist, dann kann man sich auch Eurobonds mit einer Teilvergemeinschaftung vorstellen. Das geht heute nicht, weil das Vertrauen einfach verloren gegangen ist. Deshalb brauchen wir jetzt Akademikerinnen und Akademiker, die uns einen Weg zeigen, aber bitte besser als gebündelte mit Staatsanleihen unterlegte Wertpapiere (SBBS).

ELKE KÖNIG

Ich halte es für ausgesprochen wichtig, dass wir gerade für den Finanzmarkt, der nun mal europäisch tätig ist, eine wirklich europäische Basis bekommen. Das bedeutet auch, einen europäischen Ansatz in das Insolvenzrecht zu bringen, in viele Dinge, die wir für den Kapitalmarkt sowie für den Bankenbereich brauchen. Sie haben gesagt, die Wissenschaft muss in dieser Angelegenheit mehr leisten.

Ich glaube, auch die Industrie muss mehr leisten. Wir haben immer noch in einigen Märkten ganz erhebliche Bestände an notleidenden Krediten (NPL). Das Aufräumen der Bankbilanzen muss weitergehen. Es ist außerdem nicht die Aufgabe einer kommerziellen Bank, den Staat zu finanzieren. Es ist aber im Moment in manchen Fällen die einzige Möglichkeit für Banken, eine positive Marge zu erzielen, indem sie die sehr hohe vorhandene Liquidität dazu nutzen, Staatsanleihen zu kaufen, statt das Geld in die Wirtschaft zu investieren. Auch da muss etwas erreicht werden. Safe Assets oder Eurobonds mögen am Ende dieser Strecke liegen. Vorher liegt erst mal schlichtes Aufräumen. Das hilft immer.

Dabei hilft uns auch die Unterstützung der Wissenschaft, unser Handwerkszeug zu sortieren. Vielleicht auch manchmal zu erklären, dass es billiger ist, wenn man eine Bank abwickelt und die Gläubigerinnen und Gläubiger und die Eigentümerinnen und Eigentümer diese Abwicklung vorrangig bezahlen, als zu sagen, es wirkt wesentlich eleganter, wenn der Staat etwas Öl in die Maschine gießt und man das dann löst und die Schulden schlussendlich auf die nächste Generation übertragen werden.

RESÜMEE

ROBERT HOLZMANN

Die Teilnehmenden hatten volle Übereinstimmung darüber, dass der Euroraum schon große Fortschritte gemacht hat, dass es aber noch viel zu tun gibt. Die Entwicklung eines erfolgreichen Währungsraums braucht Zeit und ist durch Krisen gekennzeichnet, wie die Hinweise auf den Dollar und seine nunmehr mehr als hundertjährige Geschichte aufzeigen. Weitgehende Übereinstimmung gab es am Podium bezüglich der wesentlichen Desiderata für eine erfolgreiche Weiterentwicklung des Euroraums, insbesondere die Vervollständigung der Bankenunion inklusive eines einheitlichen Insolvenzrechts, die Errichtung einer Kapitalmarktunion inklusive der Entwicklung eines sicheren Vermögenstitels und die Notwendigkeit einer Risikoteilung im Euroraum – über die Finanzmärkte und auch über fiskalische Kanäle. Was die Ausgestaltung der Desiderata und den Weg dahin anbelangt, so zeigten sich dann doch Unterschiede in den Nuancen, aber zum Teil auch im Grundsätzlichen. Etwa bei der Frage, wie Risikoteilung ausgestaltet werden soll und welche Rolle dabei Solidarität bzw. Selbstverantwortung tragen. Ähnliches gilt bei der Frage, wie Fortschritte in der Bankenunion und der Einführung einer einheitlichen Einlagensicherung erfolgen sollen und inwieweit hier mit dem schlichten Aufräumen zu Hause begonnen werden muss. Auch scheinen die Praktikerinnen und Praktiker nicht immer von der Finanzalchemie der Theoretikerinnen und Theoretiker überzeugt zu sein und unterschiedliches bzw. anderes zu verlangen, wogegen die Theoretikerinnen und Theoretiker auf deren (vereinzelte) Erfolge hinweisen, welche sich aber erst nach vielen Jahren der Überzeugungsarbeit einstellten. Alle einte jedoch das Thema und die Notwendigkeit, gemeinsam an der Weiterentwicklung des Euroraums zu arbeiten. Diskussionen wie diese können dafür Anregung und Ansporn sein.

ABKÜRZUNGEN/ABBREVIATIONS

BRRD: Bank Recovery and Resolution Directive – Richtlinie zur Abwicklung und Sanierung von Kreditinstituten

CMU: Capital Markets Union – Kapitalmarktunion

DGS: Deposit Guarantee Scheme – Einlagensicherungssystem

EA: Euro Area – Euroraum

EBA: European Banking Authority – Europäische Bankenaufsichtsbehörde

EC: European Commission – Europäische Kommission

ECB: European Central Bank – Europäische Zentralbank

EDIS: European Deposit Insurance System – Europäische Einlagensicherung

EDP: Excessive Deficit Procedure – Verfahren bei übermäßigem Defizit

EIP: Excessive Imbalance Procedure – Verfahren bei übermäßigem Ungleichgewicht

ELA: Emergency Liquidity Assistance – Nothilfekredite

EMU: European Monetary Union – Europäische Währungsunion

ESCB: European System of Central Banks – Europäisches System der Zentralbanken

ESM: European Stability Mechanism – Europäischer Stabilitätsmechanismus

ESRB: European Systemic Risk Board – Europäischer Ausschuss für Systemrisken

FSB: Financial Stability Board – Finanzstabilitätsausschuss

IMF: International Monetary Fund – Internationaler Währungsfonds

LSI: Less Systemically Important Institutions – Weniger systemrelevante Institutionen

LTRO: Long-Term Refinancing Operations – Langfristige Refinanzierungsgeschäfte

MTO: Medium-Term Budgetary Objectives – Mittelfristige (Budget-)Ziele

NPL: Non-Performing Loans – Notleidende Kredite

NRA: National Resolution Authority – Nationale Abwicklungsbehörde

NSA: National Supervisory Authority – Nationale Aufsichtsbehörde

OMT: Outright Monetary Transactions – Geldpolitische Outright-Geschäfte

SBBS: Sovereign Bond-Backed Securities – Gebündelte mit Staatsanleihen unterlegte Wertpapiere

SGP: Stability and Growth Pact – Stabilitäts- und Wachstumspakt

SII: Systemically Important Institutions – Systemrelevante Institutionen

SRB: Single Resolution Board – Einheitlicher Abwicklungsausschuss

SRF: Single Resolution Fund – Einheitlicher Abwicklungsfonds

SRM: Single Resolution Mechanism – Einheitlicher Abwicklungsmechanismus

SSM: Single Supervisory Mechanism – Einheitlicher Bankenaufsichtsmechanismus